A Crabtree Roots Book
Yon Liv Crabtree Rasin

DELIVERY PERSON
Moun ki fè Livrezon

People I Meet
Moun Mwen Rankontre Yo

DOUGLAS BENDER
JEAN-PIERRE GASTON

Crabtree Publishing
crabtreebooks.com

School-to-Home Support for Caregivers and Teachers

This book helps children grow by letting them practice reading. Here are a few guiding questions to help the reader with building his or her comprehension skills. Possible answers appear here in red.

Before Reading:

- What do I think this book is about?
  - *This book is about delivery people.*
  - *This book is about what a delivery person does at work.*
- What do I want to learn about this topic?
  - *I want to learn what a delivery person looks like.*
  - *I want to learn what a delivery person does.*

During Reading:

- I wonder why...
  - *I wonder why some people become delivery people.*
  - *I wonder why delivery people wear uniforms.*
- What have I learned so far?
  - *I have learned that some delivery people drive trucks.*
  - *I have learned that delivery people help deliver packages.*

After Reading:

- What details did I learn about this topic?
  - *I have learned that delivery people wear uniforms.*
  - *I have learned that delivery people have to be strong to carry a lot of packages.*
- Read the book again and look for the vocabulary words.
  - *I see the word **scanner** on page 6 and the word **uniform** on page 8. The other vocabulary words are found on page 14.*

Sipò Lekòl A Kay Pou Moun Kap Bay Swen Ak Pwofesè Yo

Liv sa ede timoun yo grandi lespri yo nan kite yo pratike lekti. Men kèk kesyon kap ede lektè yo bati konpreyansyon konpetans yo. Epons posib yo parèt an wouj.

Anvan Lekti:

- De kisa mwen panse liv sa ap pale?
  - *Liv sa se sou moun ki fè livrezon.*
  - *Liv sa se sou sa yon moun ki fè livrezon fè nan travay la.*
- Kisa mwen vle aprann sou sijè sa?
  - *Mwen vle aprann ki jan yon moun ki fè livrezon sanble.*
  - *Mwen vle aprann kisa yon moun ki fè livrezon fè.*

Pandan Lekti:

- Mwen mande poukisa...
  - *Mwen mande poukisa gen moun ki vin moun ki fè livrezon.*
  - *Mwen mande poukisa moun ki fè livrezon mete inifòm.*
- Kisa mwen te aprann jiskaprezan?
  - *Mwen te aprann ke moun ki fè livrezon kondwi kamyon.*
  - *Mwen te aprann ke moun ki fè livrezon ede delivre pakè.*

Aprè Lekti:

- Ki detay mwen te aprann sou sijè sa?
  - *Mwen te aprann ke moun ki fè livrezon mete inifòm.*
  - *Mwen te aprann ke moun ki fè livrezone yo dwe gen fòs pou yo pote anpil pakè.*
- Li liv la ankò epi chèche mo vokabilè yo.
  - *Mwen wè mo **eskanè** nan paj 6 ak mo **inifòm** nan paj 8. Lòt mo vokabilè yo wap jwenn nan paj 14.*

This is a **delivery person**.

Sa se yon **moun ki fè livrezon**.

A delivery person delivers **packages**.

Yon moun ki fè livrezon ap delivre **pakè yo**.

A delivery person has a **scanner**.

Yon moun ki fè livrezon gen yon **eskanè**.

A delivery person
has a **uniform**.

Yon moun ki
fè livrezon gen
yon **inifòm**.

Some delivery people have a **van**.

Gen moun ki fè livrezon ki gen yon **kamyonèt**.

Do you know a delivery person?

Èske ou konnen yon moun ki fè livrezon?

Word List

Sight Words

a is you
do some
has this

Lis Pawòl

Mo timoun rekonèt lè yo fèk kòmanse li

fè ou se
ki sa yon

Words to Know

delivery person

packages

scanner

uniform

van

Mo pouw Konnen

eskanè

inifòm

kamyonèt

moun ki fè livrezon

pakè yo

34 Words

This is a **delivery person**.
A delivery person delivers **packages**.
A delivery person has a **scanner**.
A delivery person has a **uniform**.
Some delivery people have a **van**.
Do you know a delivery person?

49 mo

Sa se yon **moun ki fè livrezon**.
Yon moun ki fè livrezon ap delivre **pakè yo**.
Yon moun ki fè livrezon gen yon **eskanè**.
Yon moun ki fè livrezon gen yon **inifòm**.
Gen moun ki fè livrezon ki gen yon **kamyonèt**.
Èske ou konnen yon moun ki fè livrezon?

People I Meet

Moun Mwen Rankontre Yo

DELIVERY PERSON

Moun ki fè Livrezon

Written by/Ekri pa: Douglas Bender
Designed by/Ki fèt pa: Rhea Wallace
Series development/Devlopman seri a pa: James Earley
Proofreader/Korektè: Janine Deschenes
Educational consultant/Konsiltan edikasyon: Marie Lemke M.Ed.
Translated by/Tradui pa: Jean-Pierre Gaston

Photographs/foto:
Shutterstock: AlexS: cover; Monkey Business Images: p. 1; MichaelJung: p. 3, 14; Drazen Zigic: p. 5, 14; Rido: p. 7, 14; puhha: p. 9, 13, 14; Gorodenkeff: p. 10, 14

Crabtree Publishing

crabtreebooks.com 800-387-7650

Published in Canada
Pibliye nan Kanada
Crabtree Publishing
616 Welland Ave.
St. Catharines, Ontario
L2M 5V6

Published in the United States
Pibliye Ozetazini
Crabtree Publishing
347 Fifth Avenue,
Suite 1402-145
New York, NY, 10016

Paperback 978-1-0398-5070-5
Ebook (pdf) 978-1-0398-5112-2
Epub 978-1-0398-5154-2

Printed in Canada/082024/CP20240812

Library and Archives Canada Cataloguing in Publication
Available at the Library and Archives Canada

Library of Congress Cataloging-in-Publication Data
Available at the Library of Congress